SMART COOKIE KID

pour les enfants de 3 à 4 ans

Mary Khalil
Baha Kodir

PRÉFACE

Ce cahier de développement propose une variété d'exercices captivants conçus pour améliorer l'attention, la concentration, les intelligences multiples, la mémoire visuelle, les compétences motrices, la pensée critique, les capacités d'apprentissage, la résolution de problèmes, la créativité, et bien plus encore chez votre enfant. Pour des résultats optimaux, nous recommandons que les enfants effectuent ces activités de manière séquentielle et régulière, avec l'encadrement d'un adulte. Chaque exercice de ce livre divertissant et stimulant l'attention est accompagné d'instructions claires. Il n'y a pas de limite de temps spécifique pour chaque exercice. Ce qui est le plus important, c'est que votre enfant apprécie de concentrer son attention tout en résolvant des problèmes et en acquérant de nouvelles compétences.

Si votre enfant trouve les instructions confuses pendant une activité, il est important de clarifier ces confusions avec une explication simple et compréhensible ou en fournissant un exemple. Les encouragements verbaux positifs sont une excellente manière de motiver votre enfant lorsqu'il réussit à accomplir les exercices. Par exemple, vous pouvez dire : "Tu fais un travail incroyable !" ou "Tu es incroyablement génial(e) !"

Le livre présente des illustrations charmantes créées avec soin et expertise, spécialement conçues pour captiver l'imagination des enfants. Ces œuvres d'art délicates sont le résultat du talent d'artistes professionnels.

De plus, nous avons inclus des pages de jeux divertissants pour offrir aux parents des moments de qualité à la maison avec leurs enfants. Ces jeux amusants sont sûrs de créer des moments mémorables et de favoriser une connexion forte entre vous et vos petits.

Trouvez et marquez à quels symboles la clé ressemble ci-dessus.

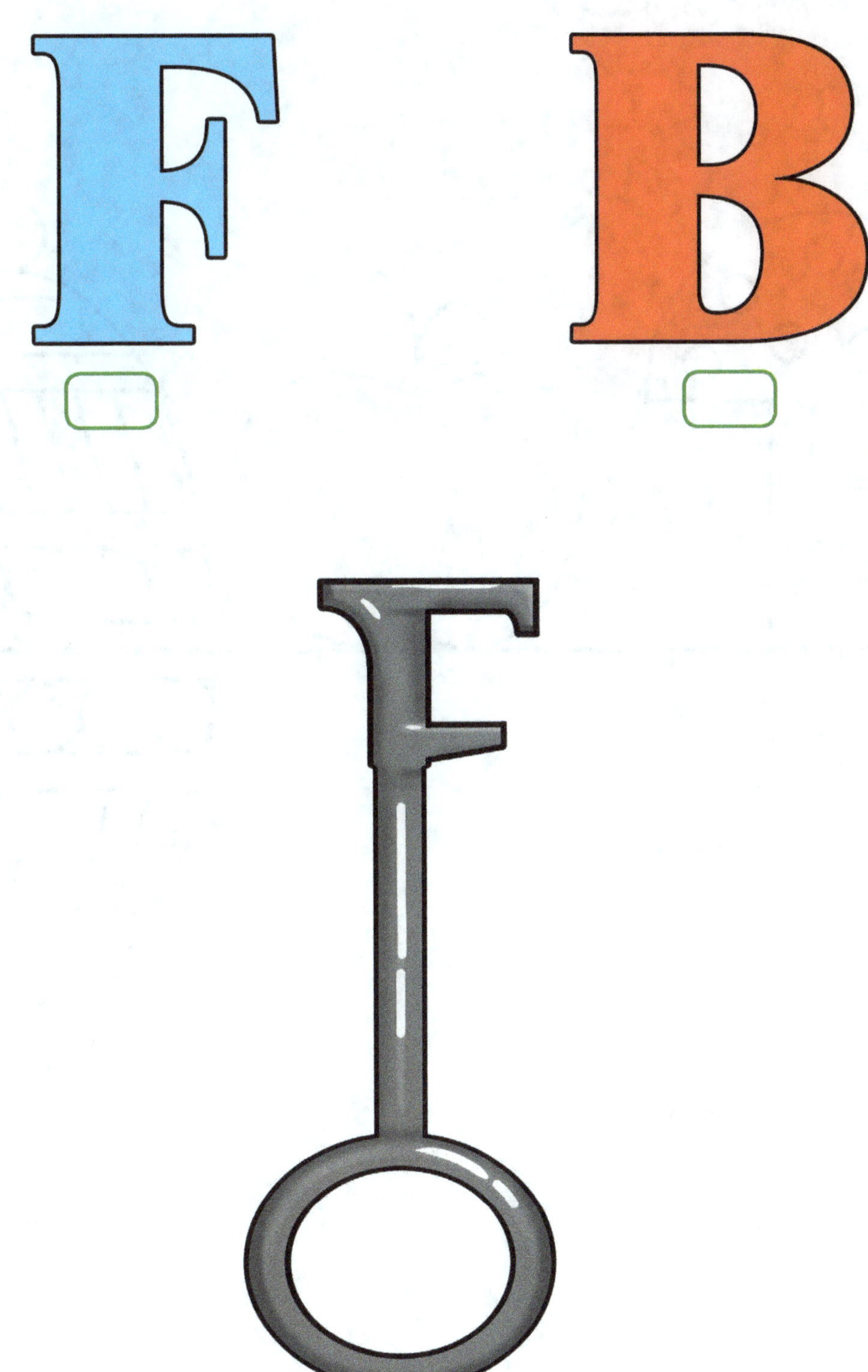

Dessinez les reflets des objets.

6

Que ressent l'enfant lorsqu'il entend le bruit du tonnerre ?
Dessinez ses expressions faciales.

Regardez la planche dans la main de Piggie et dites à quelle maison elle appartient.

Trouvez les objets en forme de rectangle.

Si les animaux en dessous nettoyaient la maison, quel animal terminerait le nettoyage plus rapidement ?

10

Trouvez et marquez lequel court lentement.

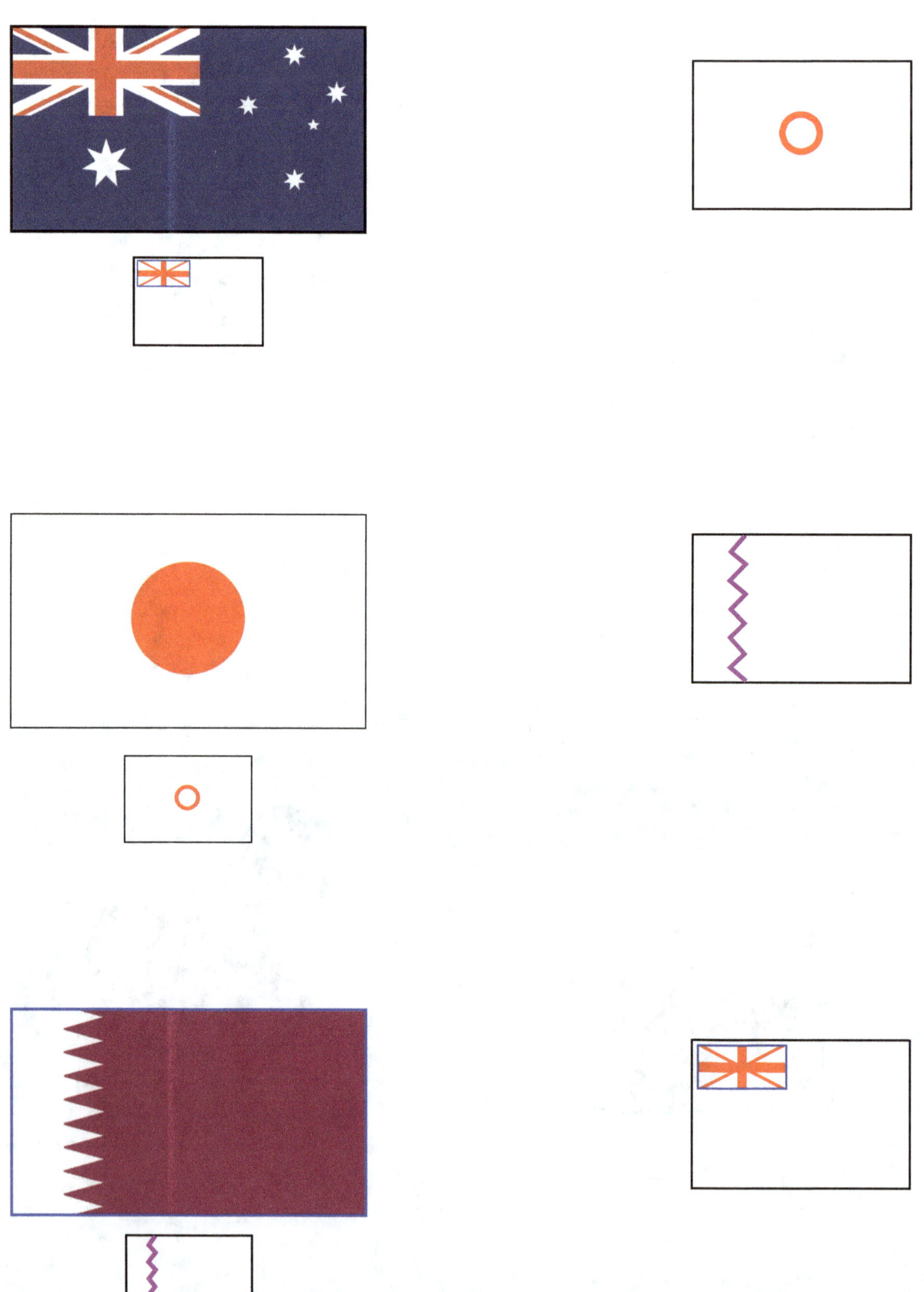

Trouvez et marquez l'endroit où vit le serpent.

Faites des exercices oculaires en suivant les lignes avec le bébé.
Répétez l'exercice au moins 5 fois.

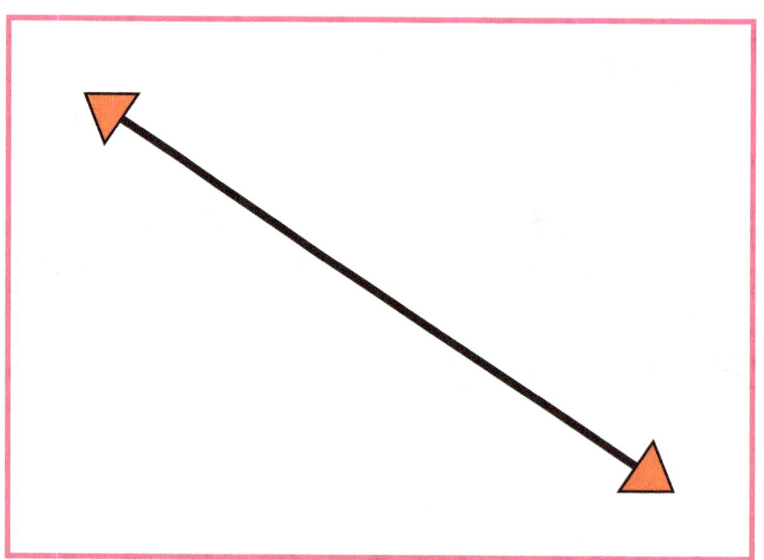

Trouvez et marquez à quel garçon appartient le reflet dans l'eau.

Trouvez le symbole caché dans la forêt indiqué sur l'image.

6

Transformez la figure géométrique en un objet en dessinant dessus.

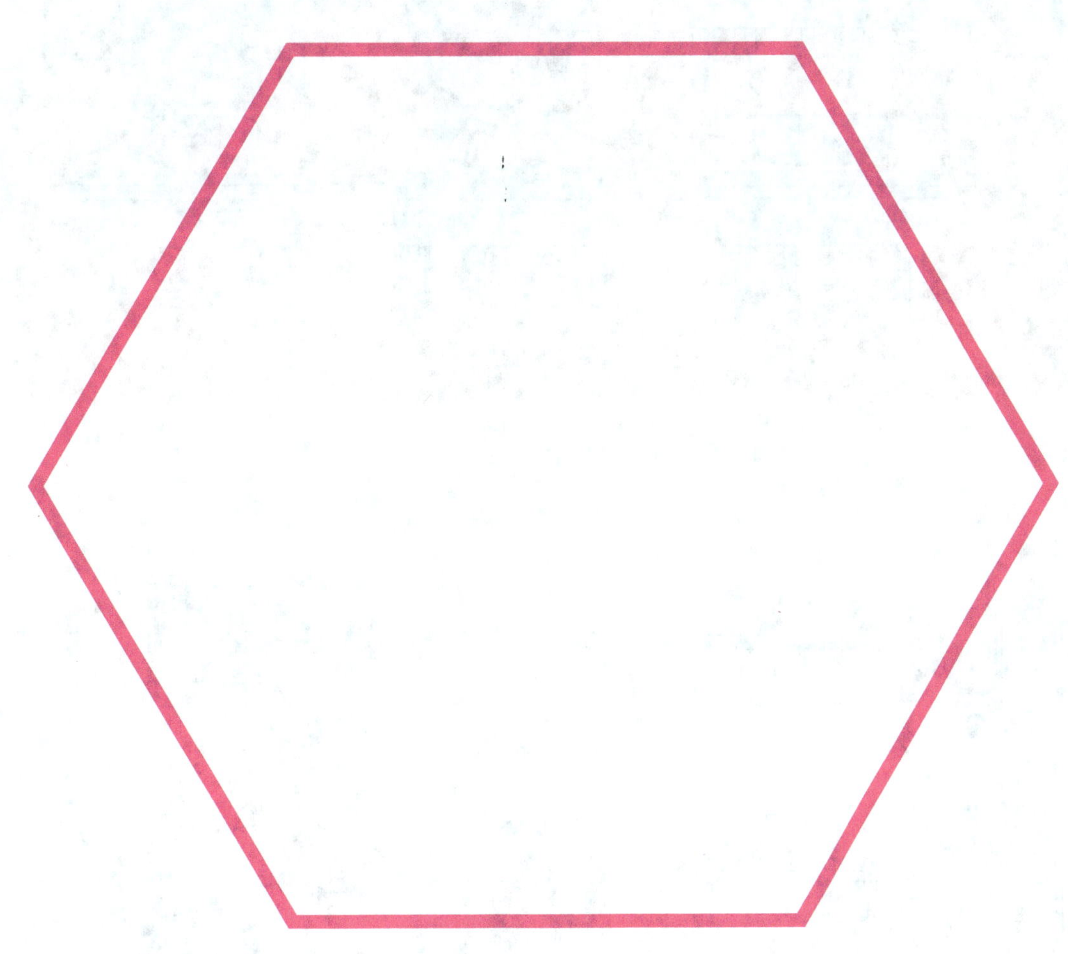

Trouvez trois différences entre deux salles de classe.

Marquez les symboles que vous ne voyez pas sur le cube magique.

5 6 7 8

Trouvez les erreurs sur l'image.

21

Trouvez et marquez à quelle figure géométrique située sous l'objet ci-dessus ressemble.

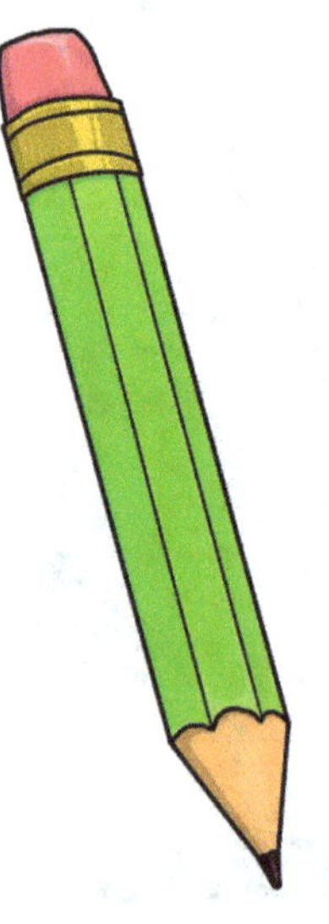

Ça danse sur le papier et efface les fautes de crayon.

Dessinez les symboles comme dans l'exemple.

Trouvez et marquez quel animal se tient dans une direction différente.

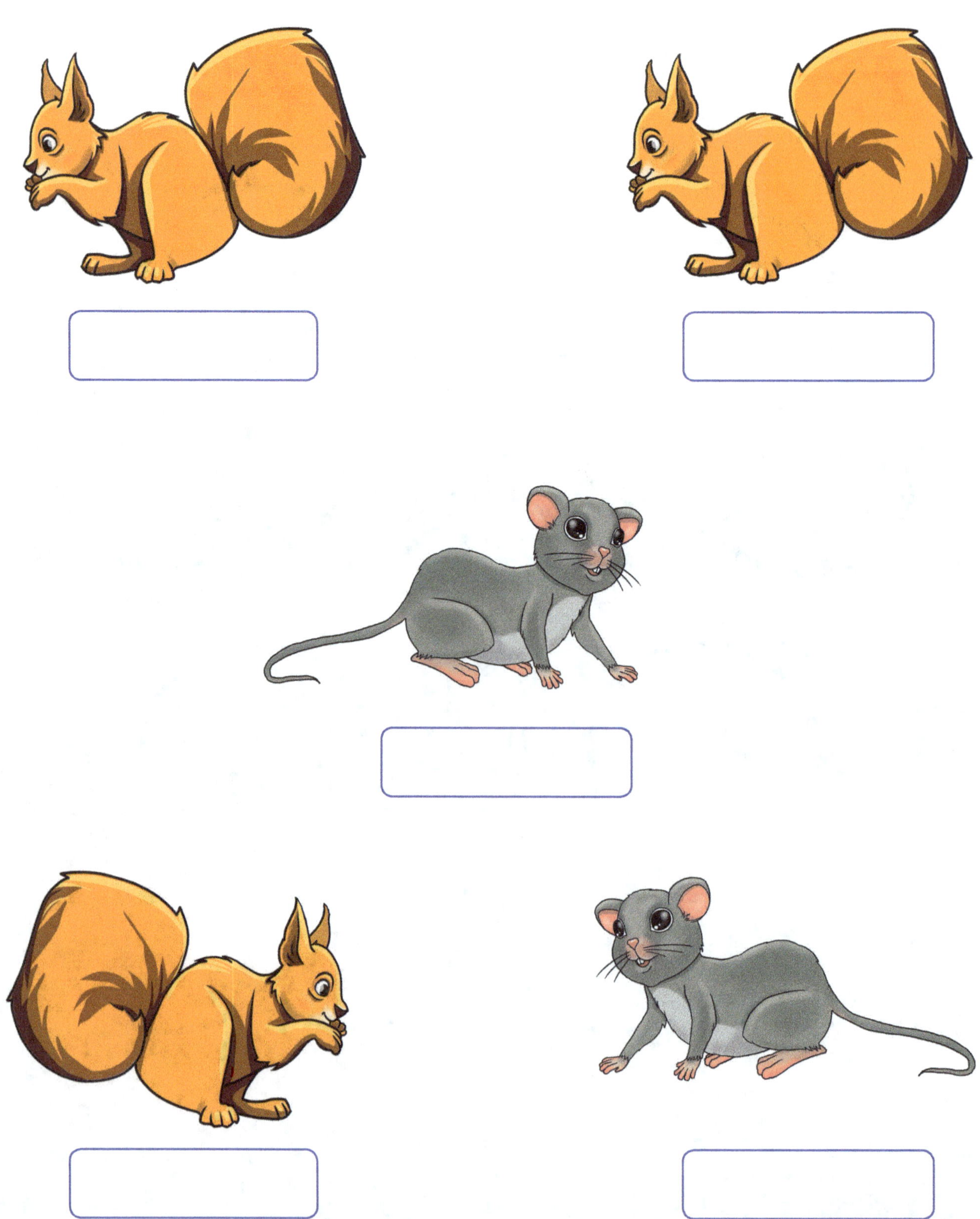

Trouvez et marquez lequel est dangereux.

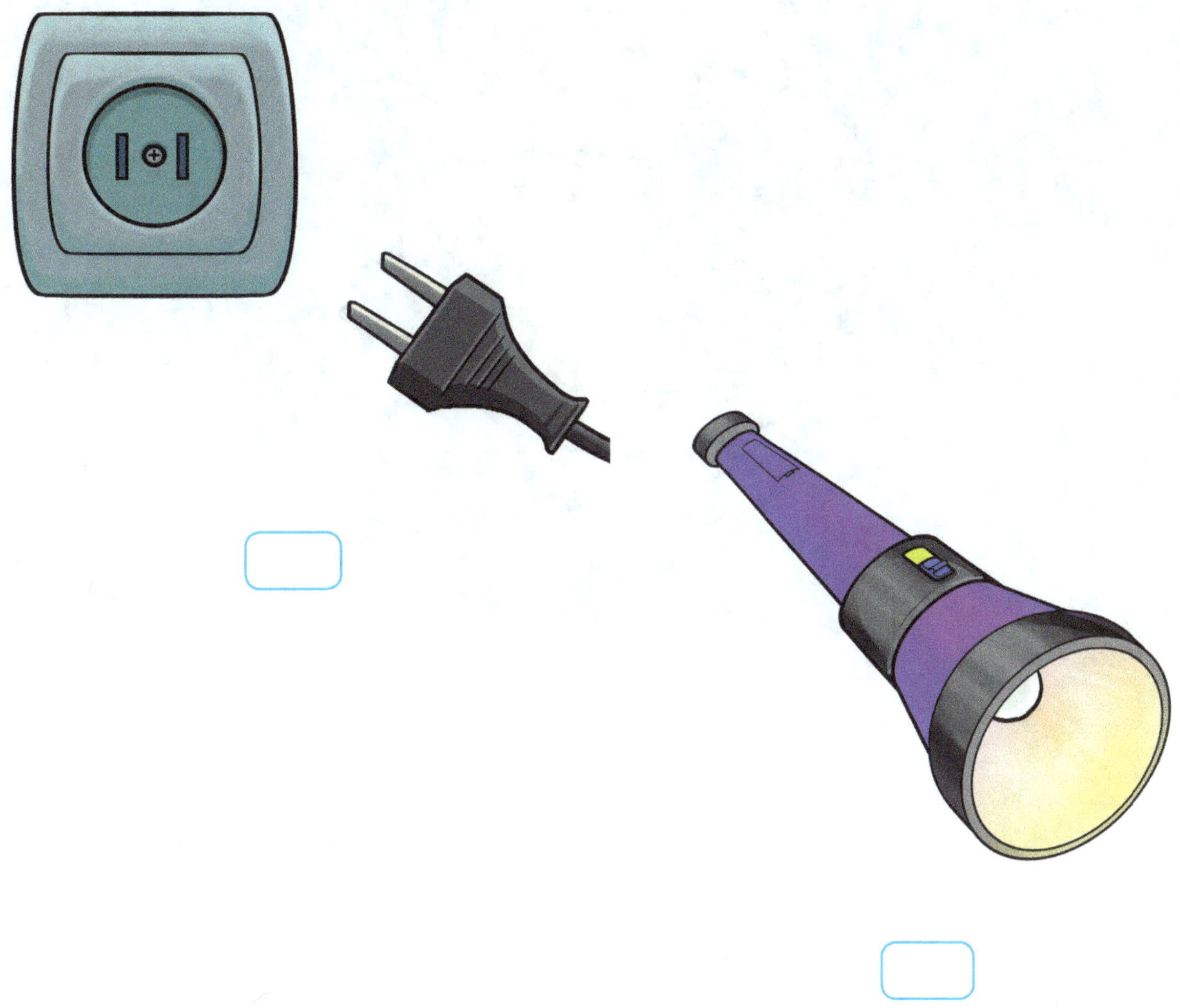

Trouvez et marquez dans quelle ligne se trouve l'abeille sur l'image.

1	2	3

Trouvez et marquez lequel est le petit.

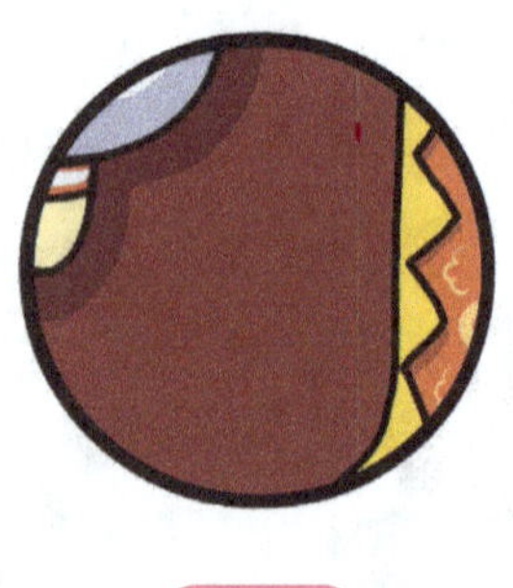

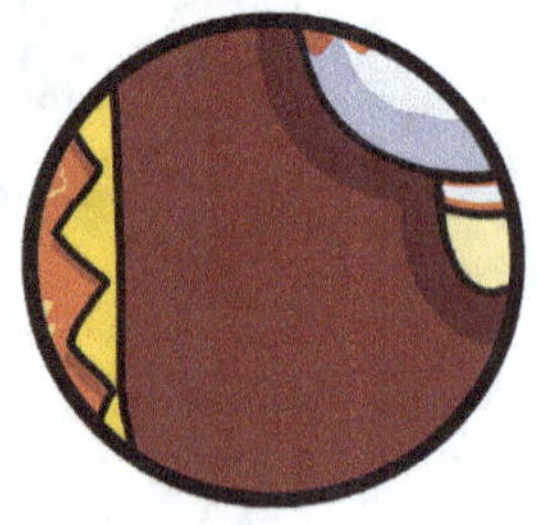

Instruction: Un jeu de puzzle d'objets appartenant à ces couleurs se joue en nommant les jours de la semaine avec des couleurs différentes. Par exemple : mardi jour bleu. Le plus rapide qui trouve des objets dans cinq couleurs bleues remporte la partie.

Suggestion: Quelques articles à la maison selon la couleur peuvent être choisis.

Instruction: Un papier est peint en orange et découpé en forme de carotte. Il est dispersé au hasard sur le sol sur une longue distance. L'enfant est invité à ramasser des carottes en sautant comme un lapin. Celui qui ramasse beaucoup de carottes gagne.
Suggestion: Une feuille de papier et des crayons orange.